Après Guerre
août 1914

CODE DE L'HONNEUR *et* DU DUEL

par
Georges Breittmayer

CODE DE L'HONNEUR

ET

DU DUEL

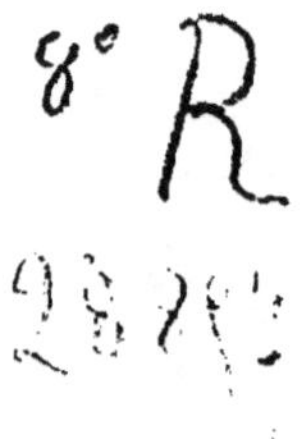

JUSTIFICATION DU TIRAGE

Il a été tiré de cet ouvrage :

50 exemplaires sur Japon des Manufactures impériales, numérotés de 1 à 50.

500 exemplaires sur papier de Hollande à la forme, numérotés de 51 à 550.

Exemplaire N° 

Après Guerre
août 1914

Code de l'Honneur et du Duel

par
Georges Breittmayer

PRÉFACE

La Préface, je l'écris moi-même. Elle me permet de dire, en quelques mots, pourquoi j'ai cru devoir faire ce nouveau :

« CODE DE L'HONNEUR ET DU DUEL »

Oui, nous nous battrons encore et toujours, et sur tous les terrains.

J'ai pensé qu'après-guerre le terrain de l'honneur devrait avoir des règles nouvelles, claires, à la portée de tous.

Dans mon esprit, ce Code doit être aussi celui du bon sens.

J'insiste sur ce point, il doit permettre de solutionner rapidement les affaires d'honneur paraissant les plus compliquées.

J'ai le profond respect des Codes du Duel suivis jusqu'ici. Pendant des années, je me suis moi-même guidé sur les lois du Duel.

Mais après cette guerre, où la race française a perpétué dans l'Histoire son inépuisable vaillance et énergie, le Duel ne peut plus exister dans les conditions et sur les bases d'autrefois, il serait ridicule.

A tous ces braves qui, sur le front, ont cimenté par les liens du sang versé un nouveau groupement dans la vie et reprennent le collier, je dédie ce Code.

En l'écrivant, j'étais hanté de cette magistrale déclaration du Général Galliéni, qui doit rester l'unique pensée de ceux qui vont sur le terrain :

« LUTTER JUSQU'AU BOUT »

Georges BREITTMAYER.

DU DUEL

TOUT a été dit et écrit pour et contre le Duel.

Il n'en reste pas moins pour les races latines la sanction chevaleresque et élégante, qui met fin aux différends d'honneur que la Justice ne peut connaître, surtout s'ils sont d'ordre intime et ne doivent pas être livrés à la publicité de l'audience.

« Allez, et faites en gens de cœur », tel était le mot d'ordre de nos preux chevaliers au signal des rencontres.

Par tradition, nous faisons de même.

G.A

RÈGLES DE PRINCIPE

Tout homme est en droit de refuser de se battre avec « quiconque dont la classe a été appelée sous les drapeaux, « n'a pas pu satisfaire à cet appel pour raison physique ou « autres.

« Celui qui a été incapable de défendre sa Patrie ne « peut se défendre lui-même. Il est en état d'infériorité.

« Il en est de même pour tous ceux qui, bien que libérés « d'obligations militaires, mais encore en état, dans la mesure « de leurs moyens, d'être utiles à l'armée, n'ont pas répondu « aux sollicitations du Ministre de la Guerre, et ont cru « devoir s'abstenir de s'engager au service de la Patrie.

« Cette règle de principe ne s'applique ni aux Parlementaires ni aux Fonctionnaires maintenus dans leurs postes, « pendant la guerre, par le Gouvernement.

« Elle ne s'applique pas aux industriels et commerçants « qui ont été appelés à mettre à la disposition de l'État, « pendant la guerre, leur industrie et leur commerce.

« Elle ne s'applique pas non plus à ceux à qui l'État
« dans la vie civile a réclamé pendant la guerre leurs services
« et qui, par un effort constant, ont aidé à maintenir la
« vitalité de leur pays.

« Celui qui, à notre époque, attaque et provoque par
« gestes, paroles ou écrits de propos délibérés, sans raison
« valable, doit être écarté.

« Sa provocation est nulle et non avenue.

« Un procès-verbal, signé de deux témoins qualifiés,
« couvrira l'intéressé, lui interdisant formellement de relever
« l'offense. Ils donneront à ce procès-verbal motivé toute
« publicité nécessaire.

« C'est un faux point d'honneur que de relever les
« injures d'un provocateur avéré. »

Ces règles de principe s'appliquent aux Alliés.

Le Duel et la Guerre

Dans cette concentration de tous les Français pour défendre la Patrie, il s'est produit, pendant ces longues années de guerre, des heurts, des antagonismes entre officiers et entre civils, dont le réglement a été remis tacitement à la fin des hostilités.

Comment ces différends doivent-ils être réglés ?

Nous répondons :

Pour les officiers, la guerre terminée c'est dans l'esprit le plus large et le plus élevé que ces différends doivent être examinés et solutionnés.

Ils seront soumis à la décision d'un arbitre unique.

Cet arbitre, après s'être entouré de toutes les informations, documentations, témoignages qu'il jugera utile, rendra sa sentence.

Pour les civils, les affaires d'honneur, nées pendant la guerre et remises à la fin des hostilités, seront de même solutionnées par un arbitre unique.

Le verdict de l'arbitre unique est sans appel.

« Battez-vous sérieusement
« ou ne vous battez pas ».
G. B.

Le Duel à l'Épée a été ridiculisé en arrêtant le combat après « une piqûre à la main.

« Le Duel au Pistolet a été ridiculisé en échangeant à « vingt-cinq pas, avec des armes de convention, deux balles « sans résultats.

« Dans les deux cas, l'honneur était déclaré satisfait.

« Ces errements doivent prendre fin.

« Aux termes du Code de l'Honneur et du Duel, les « conditions d'une rencontre à l'Épée, au Fleuret, imposent :

« L'emploi du gant à crispin dur qui force à tirer au « corps.

« Le terrain de quinze mètres derrière chaque combattant « non rendu,

« Le combat rapproché et le corps à corps autorisé.

« L'arrêt du combat sur la déclaration du blessé.

« Pour le Sabre et la Baïonnette les conditions sont fixées d'autre part.

« Pour le Pistolet et le Revolver, les conditions de la « rencontre sont :

« Chacun ses armes,

« Armes se chargeant par la culasse,

« Commandement au métronome,

« Echange minimum de quatre balles.

« Si pas de résultat, continuation immédiate du combat « au Fleuret, Épée, Sabre ou Baïonnette.

« Notification de l'arme employée sera spécifiée dans le « procès-verbal d'avant-rencontre, sauf le cas d'impossibilité « physique de l'un des combattants. »

Tirer en l'air ou ne pas tirer.

AVANT la guerre, dans des rencontres au Pistolet, on a « vu les adversaires tirer en l'air, ou ne pas tirer.

« Après la guerre, plus de ces parades.

« Deux hommes qui se battent, et qui veulent vraiment « régler un différend d'honneur, cherchent mutuellement « à s'atteindre.

« Il est donc inadmissible que les adversaires ne « tirent pas.

« Celui qui s'abstiendrait peut le faire par calcul, pour « donner à son adversaire l'impression qu'il ne se défend « pas, qu'il tire sur un homme désarmé, et espérer ainsi « lui voir abaisser son arme, ou refuser de tirer une seconde « balle. »

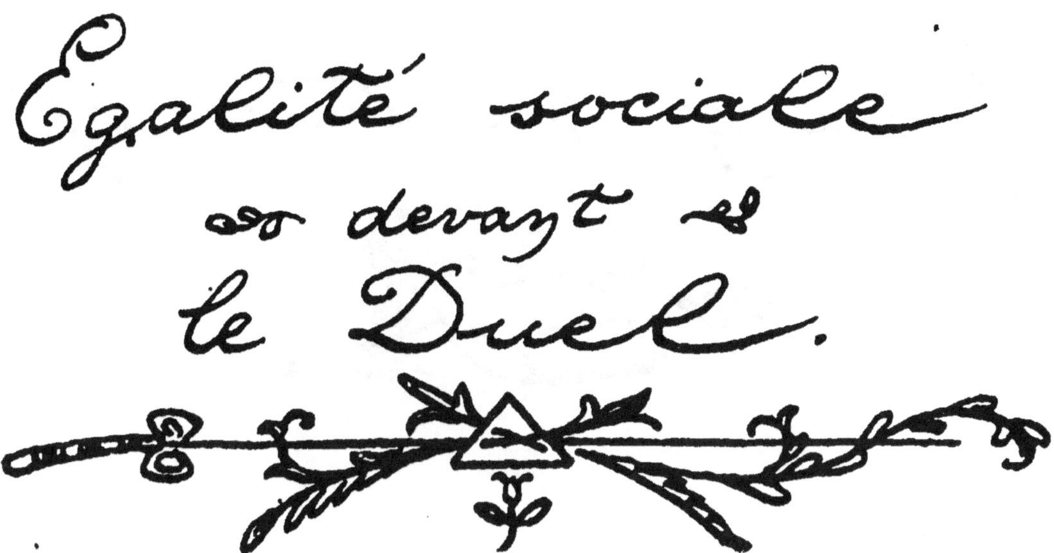

Sur le terrain de l'honneur, tous les hommes sont égaux.

« Offenseur ou offensé ne peuvent se retrancher derrière « une prétendue distinction de caste ou de hiérarchie sociale.

« La guerre a nivelé toutes ces utopies. »

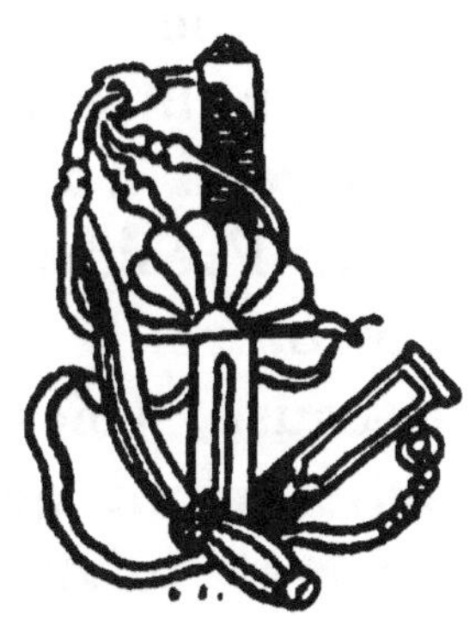

Duels politiques.

Les gens bien intentionnés ont souvent cherché à donner aux duels politiques le moins de gravité possible.

Dans leur esprit, l'offense à la tribune, dans la chaleur d'une discussion, dans une polémique, ne comporte pas un duel grave.

Cette manière de voir est respectable, mais elle va à l'encontre du résultat cherché; l'opinion publique, en effet, puisque c'est elle que l'on vise, n'admet qu'avec scepticisme ce duel anodin.

Une autre solution s'impose :

« Toute affaire d'honneur entre hommes politiques, dont la cause initiale est un différend d'ordre politique, doit être soumise à l'arbitrage de leur Président respectif qui décidera s'il y a lieu ou non à rencontre.

« Pour toute autre cause, voie de fait, attaque à la vie privée, les deux parties n'ont qu'à s'en remettre à la décision de leurs témoins, et suivre les Règles du Code de l'Honneur. »

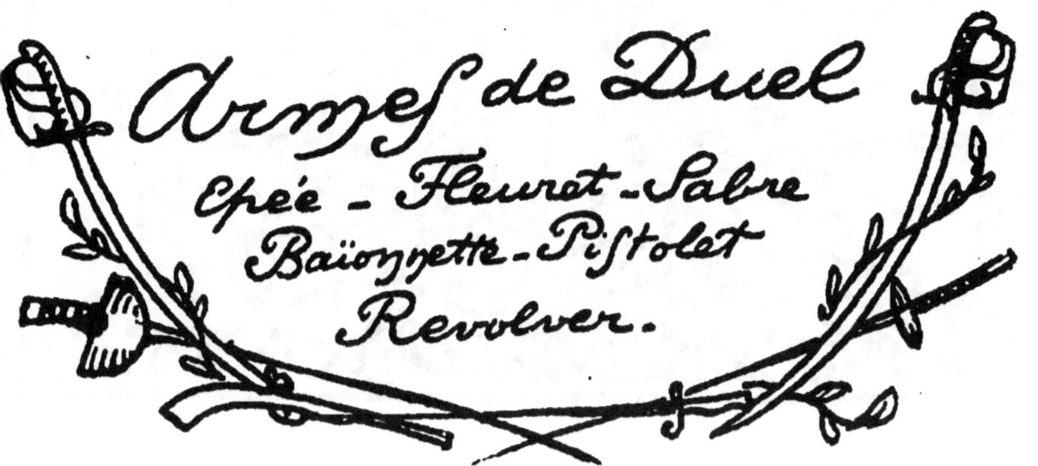

Les armes du Duel sont :

L'Epée,
Le Fleuret,
Le Sabre,
La Baïonnette,
Le Pistolet,
Le Revolver.

Demande de réparation

L'OFFENSÉ

L'OFFENSEUR

L'OFFENSE A DISTANCE

Est offensé celui qui, le premier, a subi une offense.

Il en demande, par ses témoins, « rétractation » ou « réparation ».

La qualité d'offensé n'est pas discutable :

1° S'il y a eu voie de fait, auquel cas elle appartient à celui qui a été le premier frappé.

Une seule exception est admise : si la voie de fait est la conséquence d'une offense grave faite à une mère, une épouse, une sœur, la qualité d'offensé appartient néanmoins au fils, époux, frère qui a frappé.

S'il y a voies de fait simultanées la qualité d'offensé appartient au plus âgé.

2° Si la main a été levée sur vous, même sans être frappé.

3° Si de vive voix ou par correspondance, vous êtes avisé de vous regarder comme frappé.

La qualité d'offensé donne le choix des armes et des conditions de la rencontre.

Celui qui a été offensé, mais n'a pas eu connaissance de l'offense pour des motifs justifiés par ses témoins, est en droit d'en demander réparation du jour où elle a été portée à sa connaissance, quel que soit le délai écoulé, sa qualité d'offensé restant entière.

L'OFFENSEUR doit se tenir à la disposition de l'offensé.

Pendant les quarante-huit heures qui suivront l'offense, il fera le nécessaire pour être touché sans retard par la démarche des témoins de l'offensé, et recevoir toute lettre ou communication qui lui seraient adressées par eux.

Passé ce délai, il laissera à son domicile les indications nécessaires pour être avisé de la suite donnée à l'affaire.

L'Offense à distance

Si une offense est faite à distance, l'offenseur doit se mettre à la disposition de celui qu'il a offensé.

Si l'offenseur est dans l'impossibilité de répondre de suite à cette obligation, il en avisera l'offensé et, d'un commun accord, la date de la réparation sera fixée.

L'offenseur s'interdit de venir au lieu où réside l'offensé, sans lui avoir préalablement accordé la réparation à laquelle il a droit.

A partir du moment où les adversaires ont constitué leurs témoins, ils doivent s'abstenir d'une façon absolue d'intervenir dans le différend d'honneur qui les concerne.

Ils ne doivent rien dire, rien écrire, ni se laisser interviewer, en un mot refuser toutes communications.

En agissant autrement, ils commettraient une incorrection qui mettrait leurs témoins dans l'obligation de résilier leur mandat.

En choisissant leurs témoins, les adversaires s'en sont remis à eux de la défense de leur honneur; ils n'ont plus qu'à attendre leur décision.

Les adversaires s'engagent sur l'honneur à s'incliner devant le procès-verbal signé par leurs témoins, et en aucun cas à les désavouer.

Les Témoins
Leur Responsabilité. Leurs Démarches.

LEUR RESPONSABILITÉ. — « Le duel, dans les conditions actuelles, est un acte grave.

« La responsabilité de la rencontre incombe entièrement « aux témoins.

« Ils seraient coupables de conduire sur le terrain des « hommes pour un motif futile.

« Les causes de la rencontre doivent être suffisamment sérieuses pour que, dans leur conscience, les témoins l'aient jugée comme inévitable.

« Dans tous les autres cas, les témoins ont le devoir absolu d'écarter de leur propre autorité, toute demande de réparation par les armes dont les bases seraient discutables.

« Les témoins sont tenus, par contre, vis-à-vis de leur client à rédiger un procès-verbal spécifiant pourquoi ils ont jugé de leur devoir de décliner la demande de réparation par les armes. La signature des témoins au bas du procès-verbal couvre d'une façon absolue les intéressés, et ne les autorise en aucun cas, à ne pas considérer l'affaire comme définitivement close.

« Il doit être admis qu'il n'y a ni premier, ni second témoin. Les témoins sont sur le même rang, en face des mêmes responsabilités et de leurs conséquences.

« Les témoins commencent par prendre connaissance de l'affaire d'honneur pour laquelle ils ont été sollicités. Ils se renseignent avec précision sur le différend d'honneur et sur les intentions de l'intéressé.

« Ils n'acceptent la mission de témoins que s'ils sont entièrement d'accord avec leur client et si ce dernier prend l'engagement d'honneur de leur donner pleine et entière liberté pour défendre ses intérêts, et accepter par avance le réglement de l'affaire sanctionné par leurs signatures.

« Ils fixent donc, avant toute démarche, les conditions de leur acceptation. »

LEURS DÉMARCHES. — Les témoins de l'offensé se rendent au domicile de l'adversaire. S'ils sont reçus par lui-même, ils lui demandent, au nom de leur client, de les mettre en rapport avec ses représentants.

Les témoins s'abstiennent d'entamer toute discussion.

Ils prennent note de l'acceptation ou du refus.

Si l'adversaire est absent, les témoins laissent leurs cartes libellées comme suit, et sous enveloppe fermée :

A Monsieur X.....

Monsieur,

Témoins de Monsieur X....., à la suite de l'incident qui s'est produit, le ...., nous vous demandons de bien vouloir nous mettre en rapport avec deux de vos amis.

Veuillez agréer, Monsieur, l'assurance de nos sentiments distingués.

(Les signatures, la date, l'heure, le lieu de la réponse).

Les témoins attendent pendant quarante-huit heures la réponse. Si elle ne leur parvient pas, ils renouvellent leur démarche par lettre recommandée avec accusé de réception.

Si, au bout d'un second délai de quarante-huit heures écoulé, les témoins sont sans réponse, ils rédigent, après l'en avoir prévenu, contre l'adversaire qui fait défaut, un procès-verbal de carence, et le lui communiquent par lettre recommandée.

Si l'adversaire justifie qu'il n'a pas été touché par les démarches des témoins et donne une raison valable, qui l'a mis dans l'impossibilité de constituer ses représentants, les témoins en prennent acte au procès-verbal et déclarent que, dans ces conditions, ils acceptent de reprendre l'affaire à son point de départ.

REFUS DE CONSTITUTION DE TÉMOINS

Si l'adversaire refuse de constituer témoins et déclare qu'il porte l'affaire sur le terrain judiciaire, communication en sera donnée par lettre par les témoins à leur client, en lui déclarant que, dans ces conditions, ils considèrent leur mission comme terminée.

RÉUNION DE TÉMOINS

Les quatre témoins se mettent d'accord sur l'heure et le lieu de leur première réunion.

Les témoins de l'offensé prennent les premiers la parole.

Ils exposent l'offense faite à leur client, justifient leur qualité d'offensé, et en réclament soit rétractation, soit réparation.

Après discussion et observation, si l'une des parties ne demande pas une nouvelle réunion pour lui permettre un supplément d'informations, les quatre témoins signent le procès-verbal qui donne leur sanction.

LES TÉMOINS SUR LE TERRAIN

Les témoins tirent les places au sort devant le Directeur du Combat. Ils s'assurent avec le Directeur du Combat, avant que les adversaires se présentent sur le terrain, que leur tenue est régulière, et qu'ils ne portent rien sur eux pouvant arrêter la pénétration de l'arme. Ils vérifient les armes.

A l'Épée, au Fleuret, au Sabre, à la Baïonnette, l'un des témoins chronomètre les reprises et les repos. Il ne compte que le temps effectif du combat, défalcation faite des arrêts nécessités par différentes causes.

Il avise le Directeur du Combat, à côté de qui il se tient, de la fin des reprises ou des repos.

Après la rencontre, les quatre témoins rédigent sur place le procès-verbal de rencontre, le signent et se séparent.

Le Directeur du Combat ne doit accepter cette mission que s'il a une compétence réelle et une expérience complète du Duel. Il doit avoir une indépendance morale absolue vis-à-vis des adversaires.

Il est donc, de ce fait, non seulement choisi par les témoins, mais d'accord avec leurs clients à qui, sur le terrain, il doit donner pleine et entière confiance par sa personnalité et son autorité.

Le Directeur du Combat peut être l'un des témoins ou une personnalité du monde des armes, prise au dehors.

La responsabilité du réglement de la rencontre incombe entièrement au Directeur du Combat.

Nous estimons que, dans un Duel, il ne doit y avoir qu'un seul et unique Directeur de Combat. La Direction alternative d'un combat n'est pas logique; elle gêne les combattants qui, du commencement à la fin de la rencontre, doivent être entre les mains du même dirigeant.

Le Directeur du Combat doit être suffisamment près des combattants pour, au commandement de « Halte », relever de sa canne les épées si besoin est et, s'il est nécessaire, se porter entre les deux adversaires.

Le Directeur du Combat use de toute son autorité pour que les conditions de la rencontre, précisées par le procès-verbal, soient strictement suivies. Il évitera que les épées touchent trop souvent terre, ce qui nécessite un changement d'armes et fausse la durée des reprises.

Avant que les adversaires se présentent sur le terrain, le Directeur du Combat vérifie les armes,

reconnaît le terrain, le délimite,

fait tirer les places au sort,

vérifie avec les témoins la tenue des combattants.

Il donne aux témoins leurs instructions, place à sa droite celui qui prendra le temps et lui frappera sur l'épaule quand la durée effective de la reprise sera écoulée.

Les témoins se placent des deux côtés des adversaires, chaque partie ayant ses représentants.

Le Directeur du Combat leur demande de suivre la rencontre, et si un fait lui échappait, de lever la main sans parler, lui permettant à ce signe d'arrêter le combat pour vérification.

Le Directeur du Combat place les adversaires sur le terrain suivant la désignation du sort.

Puis il les fait avancer près de lui et leur rappelle à haute voix les conditions de la rencontre. Ceci fait, il se place au milieu du terrain, entre les deux adversaires, et les fait avancer sur lui le bras armé tendu.

Le Directeur du Combat évite de toucher les armes qui ont été aseptisées par le flambage sur toute la longueur.

Les pointes des armes des deux adversaires doivent être éloignées de vingt centimètres au moins du Directeur de Combat.

A la question posée par le Directeur du Combat : « Êtes-vous prêts? », et sur la réponse affirmative, il donne le commandement : « Allez, Messieurs. »

Seul, le Directeur du Combat arrête la rencontre par le commandement de « Halte ».

Ce commandement est donné par lui, soit en raison de blessure, soit que l'arme ait touché terre, soit pour désarmement ou tout autre cause, soit pour la fin de la reprise, et ce, sous sa responsabilité. Sur le terrain, pendant le combat, le Directeur a seul le droit d'élever la voix.

Le Directeur du Combat fait reprendre après chaque reprise la rencontre aux lignes exactes où les adversaires s'étaient arrêtés, et donne à nouveau le commandement de « Etes-vous prêts? — Allez, Messieurs ».

Lorsque le tireur ne se trouve plus qu'à trois mètres de sa limite, il est prévenu par le Directeur du Combat.

Il est prévenu à nouveau au moment où il arrive à la limite et s'il la franchit, après ce nouvel avertissement, il est considéré comme disqualifié. (Par franchir, il faut entendre dépasser des deux pieds.)

Le Directeur du Combat signe le procès-verbal de rencontre.

Le Procès-verbal de carence

TANT qu'un procès-verbal de carence, régulièrement signifié « n'a pas été levé, chacun est en droit de refuser rétrac « tation ou réparation à celui contre qui il a été dressé e « qui, ne se conformant pas aux Lois de l'Honneur, s'es « laissé carencer. »

Le procès-verbal de carence est dressé contre celui qu ayant offensé refuse de constituer témoins et de se conforme aux Lois de l'Honneur, sans justification.

Après avoir accompli les démarches préliminaires, le témoins, avant de rédiger un procès-verbal de carence doivent faire connaître par lettre recommandée à l'intéressé le cas grave dans lequel il se met et les conséquences qu' comporte pour lui dans l'avenir.

Ils lui donnent un délai de quarante-huit heures pou connaître s'il maintient sa décision première.

Sans réponse, passé ce délai, les témoins rédigent le procès-verbal de carence dont ils remettent un exemplaire à leur client et l'autre exemplaire par lettre recommandée avec accusé de réception au carencé.

Si le défaillant, par la suite, vient à résipiscence et demande à son adversaire, en reconnaissant son erreur, d'accepter qu'il constitue ses témoins, celui-ci est libre d'agréer ou de refuser.

S'il accorde cette faveur c'est sous condition :

1° Que mention sera faite au procès-verbal de la demande du carencé ;

2° Que ses témoins s'engagent par avance à accepter et à signer le procès-verbal de rétractation ou de réparation qui leur sera demandé par les témoins de l'offensé.

MODÈLE DE PROCÈS-VERBAL DE CARENCE

Monsieur A., se considérant comme offensé par Monsieur B., a chargé Messieurs XX. d'en demander en son nom rétractation ou réparation.

Messieurs XX. se sont rendus le . . . . au domicile de Monsieur B. et y ont laissé leurs cartes en spécifiant le motif de leur démarche et en demandant à Monsieur B. de les mettre en rapport avec ses représentants.

Sans réponse de Monsieur B., après 48 heures, Messieurs XX. ont renouvelé leur demande à Monsieur B. par lettre recommandée avec accusé de réception, adressée à son domicile en date du . . . .

Après un nouveau délai de quarante-huit heures, cartes et lettres restant sans réponse, les témoins de Monsieur A., après s'être assurés entre temps que Monsieur B. a du être touché par leur demande, lui ont écrit une dernière fois par lettre recommandée, l'avisant qu'il vont se trouver dans l'obligation de le carencer.

Sans réponse à cette dernière lettre, Messieurs XX. prennent acte du refus de Monsieur B. de constituer témoins et signent contre lui le présent procès-verbal de carence.

Une copie du procès-verbal de carence a été remise à Monsieur B. par lettre recommandée.

Dans ces conditions, Messieurs XX. regardent leur mission comme terminée.

Date . . . .

Signature.

Les délais de quarante-huit heures sont applicables quand les adversaires habitent la même ville.

En cas contraire, ils seront prolongés de tout le temps estimé nécessaire pour les transports postaux.

EN principe, c'est à la dernière extrémité que les témoins « se décident à recourir, pour les départager, à un « arbitre.

« Les témoins doivent avoir l'autorité et la compétence « nécessaires pour trancher les questions en litige, sauf des « cas exceptionnels.

« C'est une erreur des témoins, qui ont accepté une « mission en connaissance de cause, de se décharger sur « un arbitre de la sanction à intervenir. Ils manquent à « leur devoir. »

L'arbitrage sollicité ne donne une solution rapide et définitive que s'il s'adresse à un arbitre unique.

Les Jurys d'Honneur ont donné dans bien des cas leurs preuves d'incompétence. Ils ont le grave défaut de livrer à quatre ou six personnes les causes d'un différend souvent d'ordre intime.

Ils sont frappés d'avance d'impuissance. Leur constitution même les rend inefficaces.

En effet, les témoins des deux parties ont le droit de

choisir chacun par moitié les membres du Jury d'Honneur, qu'ils soient deux, quatre, six, ou plus.

Or, les témoins ne choisissent que des personnes qui, par avance, adoptent leur manière de voir dans le différend en litige.

La conclusion est simple : ils sont en désaccord avant de s'être réunis et, après avoir discuté inutilement, décident d'en référer à un arbitre pour les départager.

Le bon sens indique qu'il est donc plus pratique de commencer par là, c'est-à-dire : choisir un arbitre unique.

Le choix de l'arbitre doit se faire sur une personnalité d'une compétence reconnue et dont l'impartialité est indiscutable.

L'arbitre est donc choisi d'un commun accord par les quatre témoins. Si les témoins ne peuvent se mettre d'accord, chacune des deux parties propose un arbitre. Le sort décidera.

Les quatre témoins précisent par écrit, et dans un procès-verbal dûment signé, la question qu'ils demandent à l'arbitre de solutionner, en s'inclinant par avance devant son verdict.

L'ARBITRE

Après avoir entendu les témoins et les adversaires, après s'être entouré de tous les moyens d'informations qu'il aura jugé nécessaires pour son édification personnelle, rendra sa sentence par écrit avec les considérants qu'elle comporte et qu'il juge utiles.

La sentence de l'arbitre est sans appel.

Les quatre témoins portent cette sentence à la connaissance de leur client respectif, et rédigent un procès-verbal conforme à la sentence de l'arbitre.

Limite d'Age

La France, en appelant sous les Drapeaux les jeunes gens « de dix-neuf ans, a du même coup fixé l'âge auquel « ils peuvent aller sur le terrain de l'honneur et se battre « en duel.

« C'est l'âge de l'Athlète et du Soldat.

« Pour les anciens, à qui l'on voudrait opposer leur âge, « répondons que le Duel est autorisé à tous ceux qui ont « encore l'entière possession de leur cerveau et de leurs « muscles.

« Ils prennent du reste, en se battant, la responsabilité « de leur acte, d'accord avec leurs témoins. »

Questions d'argent

Si un différend d'honneur s'élève entre personnes ayant entre elles des questions d'intérêt en litige, elles doivent en attendre le réglement avant d'aller plus avant.

Les questions d'argent, de dettes, d'intérêts, de différends commerciaux devant les tribunaux, ne permettent pas, jusqu'à réglement définitif, « d'affaire d'honneur », entre les parties.

La dette interdit la rencontre entre le débiteur et le créancier.

Terrain judiciaire

Le différend qui est porté sur le terrain judiciaire ne peut être porté simultanément sur le terrain de l'honneur.

L'action judiciaire arrête toute demande de réparation par les armes.

Si l'action judiciaire n'a eu le caractère que d'une justification ;

si elle n'a porté :

ni sur une question d'intérêt,

ni sur une demande d'indemnité,

le différend, après jugement, peut être renoué sur le terrain de l'honneur.

Les considérants du jugement servent de base aux témoins pour établir la situation réciproque des deux parties.

Les témoins qui, à leurs démarches, se voient opposer l'action judiciaire, doivent en prendre acte sans commentaire.

Celui qui, dans un différend d'honneur, choisit la voie judiciaire, s'interdit à partir de ce moment de tenir en public contre son adversaire des propos comminatoires.

En cas contraire, ce dernier est en droit de lui en demander réparation immédiate, sans qu'il soit possible de lui opposer l'action judiciaire en cours.

Peut-on se battre à nouveau avec le même adversaire ?

DEUX adversaires qui se sont déjà mesurés sur le terrain peuvent-ils s'y rencontrer à nouveau?

Oui, à condition expresse que leur différend d'honneur n'ait aucun rapport avec leur dernière affaire.

Autrement, ce duel prendrait le caractère d'une « revanche ».

Les témoins ont donc le devoir d'examiner avec le plus grand soin la situation réciproque des deux parties qui veulent se rencontrer à nouveau les armes à la main.

LA SUBSTITUTION

En principe, il est impossible d'admettre que l'on puisse forcer « un tiers à vous donner réparation pour un acte qu'il n'a pas commis.

« Il faut, pour se battre, avoir devant soi l'auteur réel de l'offense.

« La substitution enlève à la rencontre tout caractère d'animosité.

« On ne se bat pas contre un homme à qui l'on n'en veut pas ».

SUBSTITUTION ET PARENTÉ

La substitution n'est admise que dans les cas suivants :

Si le père offensé ou offenseur, en raison de son âge, ne peut demander ou donner réparation.

Si la mère a subi une offense.

Dans les deux cas, le fils aîné ou l'un des fils est en droit de se substituer à son Père ou de relever l'offense faite à sa Mère.

Un fils est en droit de demander réparation pour offense faite à la mémoire de son Père ou de sa Mère.

Le mari est responsable des actes de sa femme.

LA SUBSTITUTION ET LES INFIRMES

La guerre laissera un grand nombre d'infirmes incapables de relever une offense ou une provocation.

Il faut donner à l'infirme les plus grandes facilités pour obtenir les réparations d'honneur auxquelles il a droit.

De ce fait, son plus proche parent en état physique de se présenter sur le terrain, ou son frère d'armes, s'il n'a plus de parent, est en droit de se substituer à lui pour demander en son nom, rétractation ou réparation.

Une seule réparation dans ces conditions est accordée par l'offenseur.

LA SUBSTITUTION ET LES TÉMOINS

Si, après la signature d'un procès-verbal, l'un des adversaires se permettait de méconnaître les engagements pris par ses représentants, ces derniers en prendraient acte par une lettre ouverte communiquée aux témoins de la partie adverse en le désavouant.

Leur responsabilité s'arrête là. Ils n'ont pas à se substituer à leur client, défaillant à un engagement d'honneur.

LA SUBSTITUTION ET LES DIRECTEURS DE JOURNAUX

Tout article publié dans la « Presse Française », qu'il soit signé ou non, a un responsable; à première demande, il se fait connaître.

Le Directeur du Journal ne peut donc être d'office tenu comme responsable par l'offensé et ses témoins.

Seul est responsable le signataire de l'article ou celui qui s'en reconnaît l'auteur.

Si une feuille insultait sans qu'il soit possible d'arriver à trouver l'auteur de l'offense, les témoins de l'offensé le signaleraient par un procès-verbal.

Cette plainte d'honneur contre inconnu stigmatiserait, dans l'opinion publique, la feuille incriminée.

L'OFFENSE faite à un groupe politique, à une association militaire ou autre, autorise-t-elle ses membres à en demander réparation ?

Nous répondons : — Non.

Une offense n'est valable que si elle est personnelle et individuelle; collective, elle est sans portée et n'atteint que son auteur.

Il en est de même pour celui qui est offensé par une collectivité. Il n'a pas à en demander réparation.

Dans les deux cas, l'offense ne doit être relevée que si elle s'identifie en une seule personne, et alors une même affaire n'autorise qu'une seule et unique réparation.

G.A

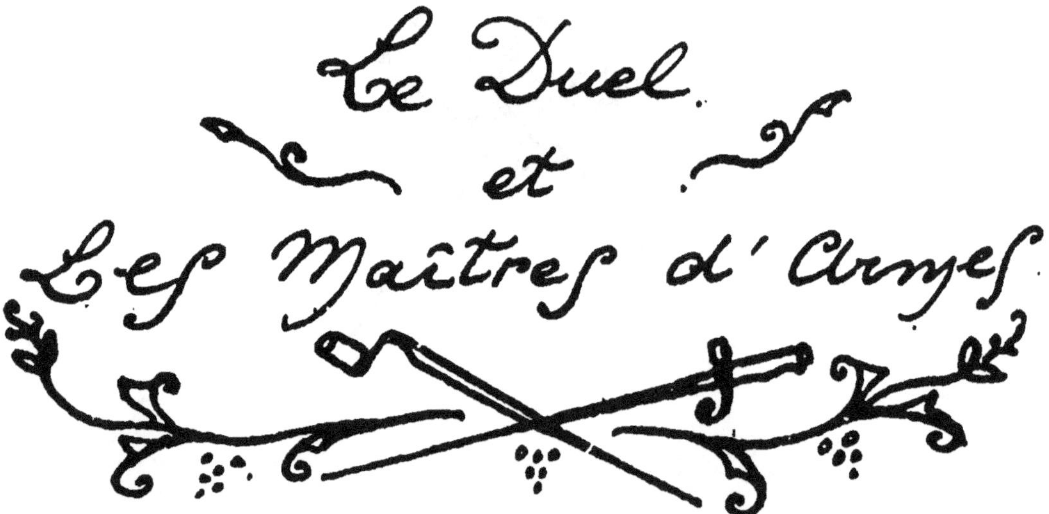

LES Maîtres d'Armes peuvent se battre en duel avec tous « et à n'importe quelle arme.

« Les Maîtres d'Armes peuvent être témoins ou Directeurs de Combat, sauf de leurs élèves, leur autorité, leur « connaissance des armes, étant un appoint sérieux pour « tous, sur le terrain.

« L'objection qui consistait à refuser aux Maîtres « d'Armes leur présence sur le terrain, en raison des conseils « qu'ils pouvaient donner aux combattants, n'est pas réelle.

« En effet :

« Les témoins qui assistent leur client ont la plupart « du temps une grande expérience des armes et du combat. « Ils peuvent donc aussi donner des conseils et au besoin « rappeler sur le terrain les enseignements qu'ils tiennent, « témoins et client, du même Maître. »

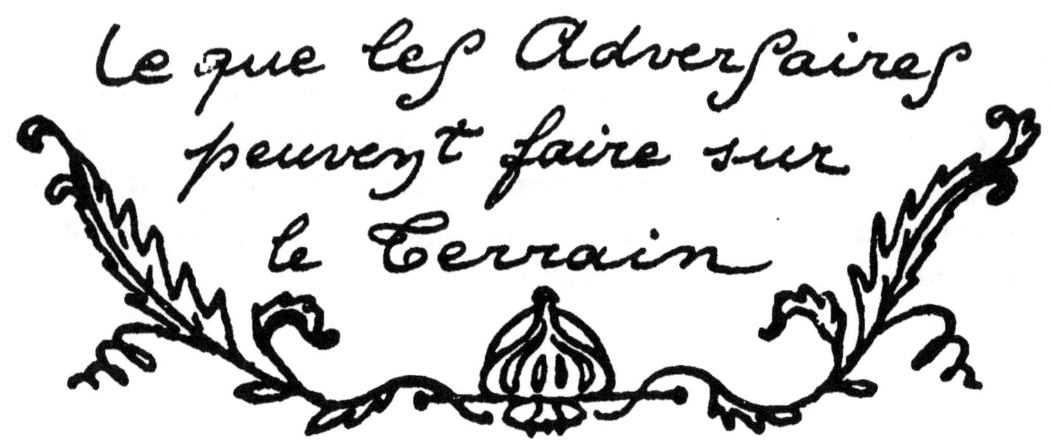

A l'Épée, au Fleuret, au Sabre, à la Baïonnette, chaque adversaire a le droit absolu de se servir de ses armes, si elles sont réglementaires.

Il est permis de fixer l'arme à la main par une martingale.

Les adversaires se chaussent comme ils l'entendent.

La question des ceintures, bandages, est réglée avant la rencontre, par les témoins.

Les adversaires combattent comme ils l'entendent.

Dès que le Directeur du Combat a prononcé les mots : « Allez, Messieurs », les adversaires peuvent commencer leur action offensive, que les deux fers se soient rencontrés ou non.

Au commandement de : « Halte », donné par le Directeur du Combat, les deux adversaires doivent s'arrêter immédiatement.

« Les tireurs ont donc le droit absolu et incontestable de
« se battre à la manière et à la distance qu'ils préfèrent, sous

« la seule condition que la passe d'armes conserve le « caractère d'un combat.

« Par conséquent, à l'Épée ou Fleuret :

« 1° L'action offensive doit exclusivement s'exercer avec « la pointe, sans que la main quitte la poignée ;

« 2° L'action défensive doit exclusivement s'exercer :

« en écartant la pointe adverse à l'aide du bras armé,

« en évitant la pointe adverse par un déplacement de « la partie menacée,

« en combinant entre eux de toutes façons les moyens « d'écarter la pointe adverse à l'aide de l'arme, et les moyens « d'éviter la pointe adverse par un déplacement de la partie « menacée.

« Il est permis de :

« Parer, pointer, remiser, tendre, écarter le fer adverse « par le fer et attaquer de toutes les façons possibles ;

« Sauter en avant, en arrière, ou de côté, dans toutes « les positions possibles ;

« Se fendre en avant ou en arrière et s'écraser en mettant « par terre la main non armée ;

« Esquiver en dedans, en dehors, et en dessous ;

« Exécuter des voltes et des demi-voltes, dans un sens « ou dans l'autre. »

(Extrait du *Règlement de Combat des Armes de France*).

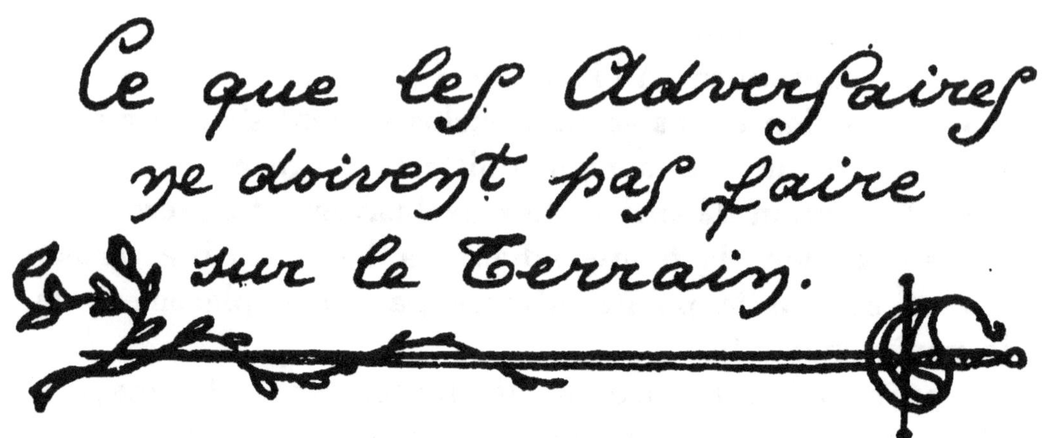

L'ADVERSAIRE qui franchit la limite de terrain spécifié au procès-verbal est disqualifié.

L'adversaire qui porte manifestement un coup après le commandement de : « Halte » est disqualifié.

L'adversaire qui se sert de la main ou du bras non armé pour exercer une action offensive quelconque, ou détourner, saisir ou maintenir l'arme ou le bras armé de son adversaire est disqualifié.

Les adversaires doivent s'abstenir de parler sur le terrain.

LES adversaires en arrivant sur le terrain à la place désignée « par le sort se saluent de leur arme.

« Ce geste de courtoisie est normal pour deux hommes « qui sont jugés dignes de se rencontrer sur le terrain de « l'honneur, les armes à la main. »

Tenue des Combattants.

A l'Épée, au Fleuret :

Gant à crispin dur protégeant le bras jusqu'à trois centimètres au-dessous du pli du coude, renforcé au gré des adversaires de façon à le rendre impénétrable.

Pour le fleuret, l'épée, tout perfectionnement de l'arme ou du gant à crispin qui permettront d'améliorer la protection de la main et de l'avant-bras devront être adoptés, d'accord entre les témoins.

Torse nu ou maillot de couleur claire adhérent à la peau (il ne peut être ni en jersey, ni en laine), mais en coton ou en soie et d'une seule épaisseur avec ou sans demi-manches.

Pas de chemise molle, elle retient le coup porté. Elle peut, suivant son tissu et sa longueur, servir de protection.

Pantalon en tissu ordinaire, pas de culotte de cheval en tissu épais ou de velours. — Pas de caleçon.

Une ceinture, la plus étroite possible,

les bretelles de même.

Chaussures. — Les adversaires se chaussent comme ils l'entendent.

Pas de chapeau sur le terrain.

Rien dans les poches.

Rien qui puisse être regardé comme une protection.

Mêmes conditions pour le Sabre et la Baïonnette, sauf le gant à crispin supprimé.

Au Pistolet, au Revolver, les adversaires se battent sans pardessus, le veston boutonné, le col relevé pour cacher le blanc de la chemise, la tête couverte à leur gré. Ils n'auront sur le corps, ni dans leurs poches, rien qui puisse arrêter la pénétration de la balle.

Si l'un des adversaires porte un bandage, il en fait la déclaration.

A l'Épée, au Fleuret, au Sabre, chaque adversaire a derrière lui un champ de quinze mètres comptés du milieu du terrain. Cette distance peut être réduite à dix mètres.

La largeur du champ est au minimum de six mètres.

Le terrain gagné reste acquis.

Si l'un des tireurs ne se trouve plus qu'à trois mètres de sa limite, il est prévenu par le Directeur du Combat.

Il est prévenu à nouveau au moment où il arrive à sa limite. S'il la franchit, il est disqualifié. (Par franchir, il faut entendre dépasser des deux pieds).

Sur le terrain est tolérée la seule présence :
des adversaires,
des témoins,
du Directeur de Combat,
des Médecins.

A la Baïonnette, chaque adversaire a derrière lui un champ de vingt mètres.

La largeur du champ est de vingt mètres.

Durée des Reprises.

La durée des reprises et des repos est chronométrée.

Par durée d'une reprise, il faut entendre « la durée effective », c'est-à-dire la somme des intervalles de temps pendant lesquels les tireurs combattent ou peuvent combattre.

On déduit donc la somme des intervalles de temps pendant lesquels, pour une raison quelconque, les tireurs n'ont point combattu.

La durée des reprises ne peut être inférieure à deux minutes de combat effectif, durée des repos équivalent.

La durée maximum des reprises est de cinq minutes.

En cas de blessure, les témoins demandent un délai d'observation qui ne peut dépasser un quart d'heure, avant la reprise du combat.

A l'Épée, au Fleuret, au Sabre ou à la Baïonnette, tout combattant est en droit de changer de main sur le terrain.

Ce changement se fera entre les reprises.

Notification sera faite au procès-verbal de la faculté pour les combattants de changer de main pendant la durée du combat.

Cette clause est de bon sens, l'escrime étant enseignée des deux mains.

Elle permet en cas de blessure du bras armé de continuer le combat de l'autre main.

Le combat rapproché existe quand les adversaires ont leurs « deux coquilles en contact, ou que la coquille de l'un « touche une partie quelconque des membres ou du corps « de l'autre, ou que les bras armés se touchent.

« Le corps à corps existe lorsque les troncs des deux « adversaires sont directement en contact.

« Le combat rapproché et le corps à corps sont permis, « tant qu'ils conservent le caractère de combat. »[1]

Le Directeur du Combat ne peut donner le commandement de « Halte » qu'après que les tireurs se sont heurtés, sont restés nettement en contact par la volonté soit de l'un, soit des deux, et exercent l'un contre l'autre une poussée continue, sans pouvoir ni dégager ni utiliser leur arme.

Si la fin d'une reprise se produit pendant un combat rapproché ou un corps à corps, le Directeur du Combat, au

(1) Extrait du *Règlement de Combat des Armes de France.*

commandement de « Halte », marque la place exacte où se trouve chacun des combattants.

A la remise en garde, le Directeur du Combat replace les adversaires dans la position qu'ils occupaient, puis, se portant entre eux, il les éloigne l'un de l'autre, avant de recommencer le combat, jusqu'à ce que les pointes de leurs épées, seules, se touchent le bras tendu.

Il donne ensuite le commandement : « Allez, Messieurs ».

En remettant ainsi les adversaires en garde, après un combat rapproché ou un corps à corps, si l'un des adversaires se trouve, de ce fait, conduit ou au-delà de sa limite, le Directeur du Combat le replace à sa limite avant de continuer la rencontre.

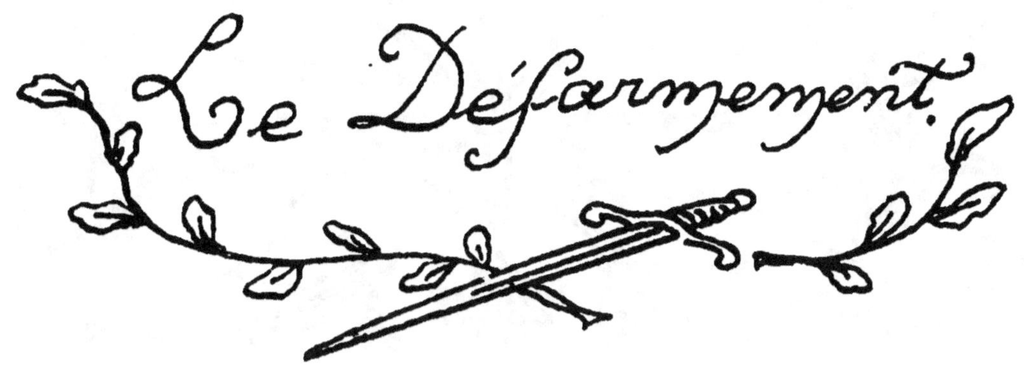

Si, au Fleuret, à l'Épée, au Sabre, à la Baïonnette, il y a « désarmement » de l'un des adversaires, le Directeur du Combat arrête la rencontre pour lui permettre de reprendre son arme.

Le désarmement ne doit pas se reproduire.

Il sera évité par l'emploi de la martingale.

Le désarmement répété de l'un des adversaires, pendant le combat, amènerait d'autorité la fin de la rencontre avec spécification au procès-verbal, l'adversaire ayant ainsi prouvé qu'il est incapable de tenir son arme et, par conséquent, de se défendre.

Arrêt du Combat.

Le combat cesse quand l'un des adversaires se reconnaît « dans l'impossibilité de continuer par suite de blessure ».

Quand l'un des adversaires est blessé, le combat est suspendu. L'arrêt maximum est d'un quart d'heure.

Le blessé, au bout d'un quart d'heure, fait faire la déclaration par ses témoins, ou qu'il continue le combat, ou qu'en raison de sa blessure, il demande la fin de la rencontre.

Les Médecins sont sur le terrain pour constater et panser les blessures.

Avant et pendant le combat, ils flambent les épées, fleurets, sabres et baïonnettes.

« Ils n'ont, en aucun cas, voix délibérative sur l'opportu-
« nité d'arrêter ou de continuer la rencontre.

« Le blessé est seul maître de cette décision.

« Après la rencontre les Médecins indiquent, dans un
« procès-verbal qu'ils signent, la nature des blessures et leur
« gravité. »

Chaque adversaire doit amener son médecin sur le terrain.

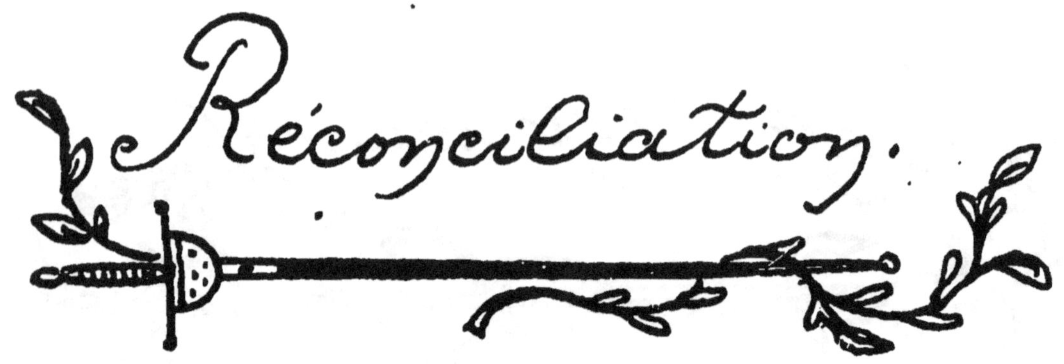

DEUX hommes viennent de se battre sérieusement pour un « motif grave.

« L'un, blessé, se voit forcé de demander l'arrêt du « combat.

« Sont-ils, dans ces conditions, en état de se réconcilier « sur le terrain ?

« Non.

« Le duel, qui met fin à une affaire d'honneur, n'a pas « comme conséquence obligatoire une réconciliation.

« Les deux parties qui considèrent l'affaire comme close « d'accord avec leurs témoins, sont en droit, par la suite, de « s'ignorer. Elles reprennent leur liberté d'action.

« La réconciliation si elle est normale, si elle est possible, « s'imposera d'elle-même plus tard avec le temps.

« On ne se jette pas dans les bras de celui que l'on voulait « cinq minutes avant, mettre à terre.

« D'un autre côté les témoins, qui s'efforcent de réconcilier les adversaires sur le terrain, enveniment souvent à « nouveau l'affaire, s'ils se trouvent en face du refus d'une « des parties. »

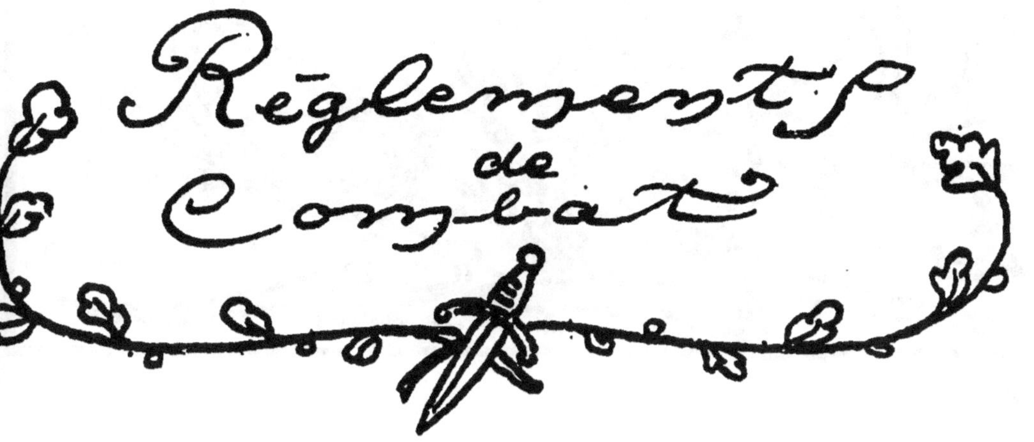

DUELS :

à l'Épée,

au Fleuret,

au Sabre,

à la Baïonnette,

au Pistolet,

au Revolver.

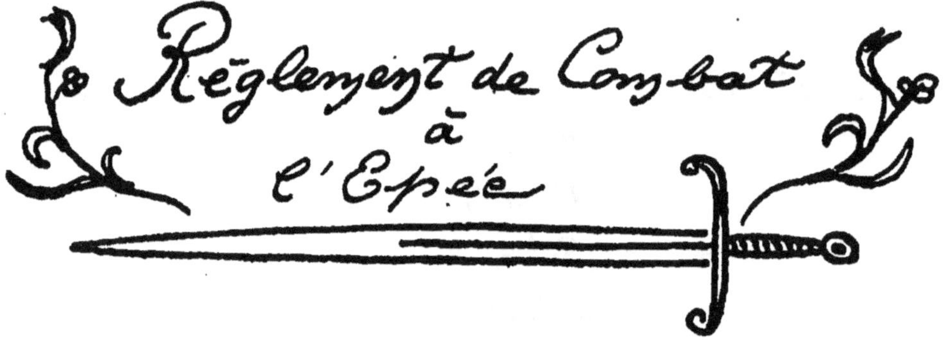

CHAQUE adversaire a le droit absolu de se servir de l'arme qu'il préfère — arme qui peut être montée à la française ou à l'italienne — pourvu qu'elle soit réglementaire et d'en faire tout usage qui n'est pas contraire à la nature même de l'épée.

Les lames ne sont ni coupantes, ni colichemardes, ni fouettantes.

Elles peuvent être absolument rigides.

Les lames peuvent n'être pas fixées au centre de la coquille à condition que l'excentrement soit inférieur à 35 millimètres.

Quel que soit le genre de monture, la longueur de la poignée ne doit pas dépasser 22 centimètres, pommeau compris, et la longueur totale de l'arme ne doit pas dépasser 110 centimètres. Son poids total est compris entre 470 et 650 grammes.

La coquille a une forme circulaire convexe continue et ne présente ni rebord, ni gouttière, ni aspérité quelconque, sa flèche est comprise entre 30 et 50 millimètres, et son diamètre entre 128 et 132 millimètres.

Il est permis de fixer l'épée à la main par un système quelconque s'adaptant à la poignée.

La martingale n'est toutefois autorisée qu'à la condition qu'elle soit assez courte pour que le tireur ne puisse l'utiliser comme point d'appui lui permettant de tenir son arme par le pommeau.

Les extrémités de la martingale ne doivent pas pendre ni former aucune boucle où l'épée adverse puisse s'engager.

D'une façon générale, il est utile pour les témoins de vérifier les épées des adversaires la veille de la rencontre, pour éviter des retards et discussions sur le terrain.

GANTS A CRISPIN

Le gant à crispin est obligatoire pour le bras armé; il doit être rendu impénétrable et protéger l'avant-bras jusqu'à trois centimètres au-dessous du pli du coude.

Sa surface doit rester suffisamment lisse.

Les gants seront examinés de part et d'autre avant la rencontre.

CHAQUE tireur a le droit incontestable de se servir de son arme à condition qu'elle soit conforme au réglement.

Les fleurets sont montés à la française ou à l'italienne. La lame peut n'être pas fixée au centre de la coquille, à condition que l'excentrement soit inférieur à 35 millimètres.

Aucune partie de la monture ne dépasse la partie extérieure de la coquille.

Si la poignée est montée à la française, sa longueur totale pommeau compris est inférieure à 220 millimètres; la longueur de la poignée sans le pommeau est inférieure à 180 millimètres

Si la poignée est montée à l'italienne, sa longueur totale pommeau compris est inférieure à 220 millimètres.

En tout cas, la monture italienne ou d'un genre analogue, ne doit pas être disposée de façon à augmenter la longueur utile de l'arme en éloignant la main du tireur de la coquille plus que ne le fait la monture italienne normale; l'extrémité du pouce complètement allongé n'est pas à plus de 20 millimètres de la coquille.

La coquille présente une forme circulaire convexe continue et ne porte ni rebord, ni gouttière, ni aspérité quelconque ; sa flèche est comprise entre 30 et 50 millimètres ; son diamètre inférieur a 132 millimètres.

La lame a environ 880 millimètres de longueur. Elle est de forme ordinaire carrée française, elle ne doit pas fouetter et peut être rigide.

Le poids du fleuret est compris entre 400 et 700 grammes.

Il est permis de fixer le fleuret à la main par un système quelconque ; en conséquence, les lanières d'attache sont autorisées, à condition que les extrémités ne pendent pas et ne forment point une boucle dans laquelle pourrait s'engager le fleuret adverse.

La martingale est permise à condition d'être assez courte pour que le pommeau ne puisse point être tenu dans le creux de la main ; en effet, dans ce cas, la martingale en raison du point d'appui qu'elle peut fournir, est assimilée à l'un des dispositifs qui permettent d'augmenter la longueur effective de l'arme en éloignant la main de la coquille plus que ne le fait la monture ordinaire.

La lanière d'attache est disposée de telle sorte qu'une même boucle entoure d'une part le poignet ou la main du tireur, et d'autre part la poignée du fleuret.

Les témoins se mettent d'accord sur le choix du sabre employé.

Divers modèles de sabre sont admis :

1° Sabre léger. Poids total de quatre cent soixante-dix à sept cent soixante-dix grammes. Longueur effective de la lame, huit cent quatre-vingt millimètres environ. Lame droite ou courbe avec une flèche maxima de quarante millimètres, ni fouettante, ni colichemarde.

2° Sabre analogue à celui de l'infanterie. Poids total, mille grammes environ. Longueur, huit cent quatre-vingts millimètres environ.

3° Sabre analogue à celui de la cavalerie. Poids, douze cent grammes environ. Longueur de la lame, neuf cents millimètres environ.

4° Sabre analogue au grand modèle de cavalerie. Poids, treize cents grammes et au-dessus. Longueur, neuf cent cinquante millimètres environ.

Par longueur de la lame, il faut entendre la longueur utile, c'est-à-dire sans la soie.

Pour toutes ces armes, la longueur maxima de la poignée (non compris l'écrou des sabres démontables) est fixée à deux ent vingt millimètres. La coquille ne doit porter aucune ouverture où puisse s'engager la pointe adverse. Elle est assez large pour bien garantir la main et le poignet.

Elle a comme dimension maxima, dans le sens du dos et du tranchant de la lame, cent cinquante millimètres et, dans le sens du côté plat de la lame, cent quarante millimètres.

(Extrait du *Réglement de Combat des Armes de France*).

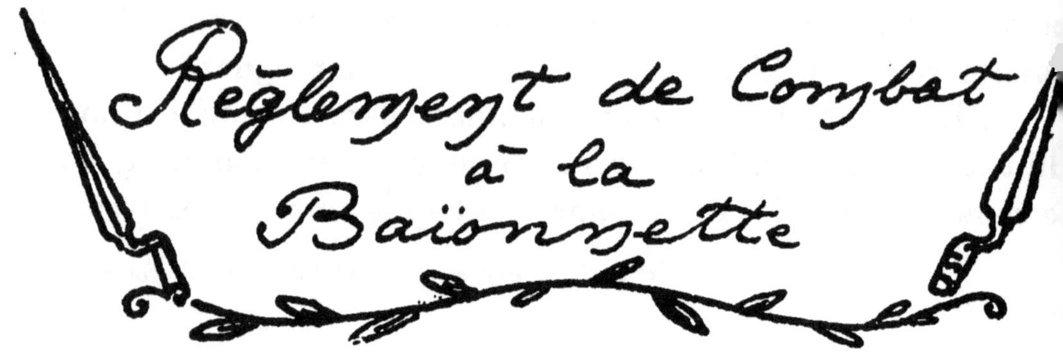

> « La Balle est folle,
> « La Baïonnette est sage
>
> Souvarof.

La Baïonnette est l'arme de combat la plus usuelle, la plu
« populaire.

« C'est l'arme française par excellence.

« Le Combat à la Baïonnette est enseigné dans toute l
« France :

« dans les Écoles et Lycées du Gouvernement,

« dans les Sociétés de Préparation Militaire,

« dans les Écoles Militaires de Saint-Cyr, Joinville
« Saint-Maixent.

« La Baïonnette est donc admise sur le terrain au mêm
« titre que l'Épée, le Fleuret et le Sabre. » Néanmoins ell
ne peut être imposée sur le terrain, son emploi est subordonn
au consentement des deux parties.

Les Règles du Duel à la Baïonnette sont les suivantes

Armes. — Fusil et Baïonnette réglementaires. Mêm
modèle, même poids. Martingale facultative.

Tenue des Combattants. — La même qu'au Fleuret, à l'Epé
et au Sabre, sauf le gant à crispin supprimé.

Terrain. — Chaque adversaire a derrière lui un champ de vingt mètres comptés du milieu du terrain.

la largeur du champ est de vingt mètres,

le terrain gagné reste acquis,

si l'un des tireurs ne se trouve plus qu'à trois mètres de sa limite, il est prévenu par le Directeur du Combat.

Il est prévenu à nouveau au moment où il arrive à sa limite. S'il la franchit, il est disqualifié. (Par franchir, il faut entendre dépasser des deux pieds.)

Il est interdit de lancer le fusil en abandonnant l'arme.

Il est interdit d'essayer de renverser son adversaire par une bousculade ou autre moyen.

Il est interdit de maintenir le pied sur l'arme adverse dans le cas où celle-ci se serait trouvée immédiatement en contact avec le sol.

Il est interdit de porter un coup de crosse.

Tout coup porté par l'un des adversaires dans ces conditions amènerait sa disqualification.

Le corps à corps et le combat rapproché sont autorisés dans les mêmes conditions que pour le duel à l'épée, au fleuret et au sabre.

Les adversaires peuvent, dans les attaques, pointer, porter le coup lancé.

Ils peuvent opposer la parade de quarte haute, la parade de quarte basse, la parade de sixte haute, la parade de sixte basse.

Ils peuvent également chercher à dominer l'arme de l'adversaire par une forte opposition ou une vigoureuse pression ou un battement.

Ils peuvent enfin dégager en faisant passer la pointe sous l'arme adverse.

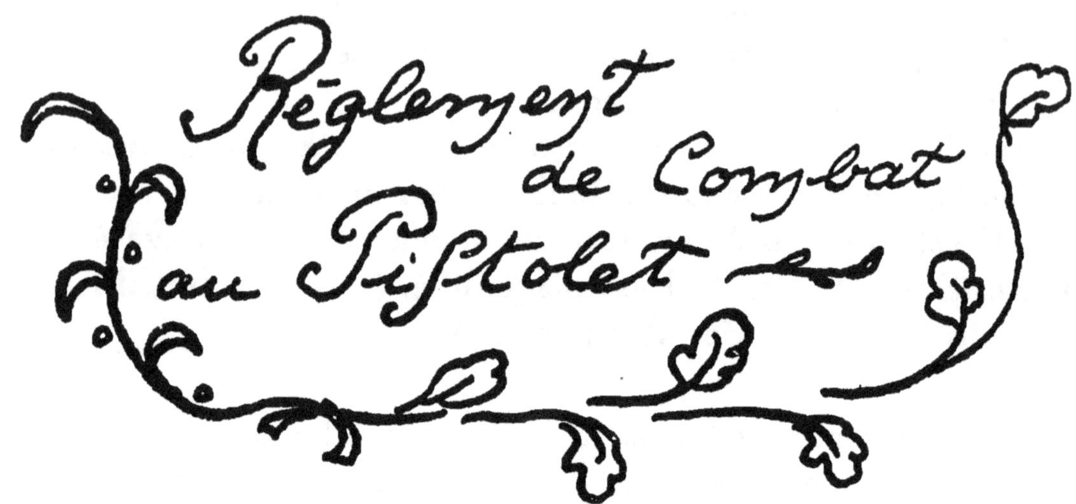

JUSQU'A ce jour, le duel au Pistolet a été trop souvent faussé dans ses résultats pour les raisons suivantes :

Chargement de l'arme défectueux,

L'arme et sa détente inconnues du tireur,

Le commandement donné par le Directeur du Combat sans métronome.

Examinons ces trois points :

Le chargement défectueux de l'arme, parce qu'il était fait avec une chargette dite « humanitaire », et qu'à vingt mètres la balle dans ces conditions, frappe, pénètre difficilement, ne traverse pas.

Le fait que l'arme est inconnue du tireur est le plus grave. On l'oblige à se servir d'une arme dont il ignore la détente trop dure ou trop douce. Le tireur est donc incapable de régler son tir ; il n'est préoccupé que d'une chose, ne connaissant pas son arme, c'est de ne pas tirer avant ou après le commandement, trop tôt ou trop tard.

Le commandement sans métronome permet au Directeur du Combat de le précipiter à sa volonté.

« Se battre, dans ces conditions, c'est chercher une affaire d'honneur avec le minimum de risques. »

Il faut donc réformer entièrement les conditions du duel au Pistolet.

Cette réglementation est d'autant plus facile qu'il suffit d'appliquer les règles d'entraînement existantes dans les Sociétés de tir, comme la Société d'Assaut au Pistolet, la Société militaire d'Escrime pratique et d'autres qui, toutes se servent d'armes se chargeant par la culasse.

Le Règlement de combat au Pistolet s'établit comme suit :

Pistolet de combat se chargeant par la culasse.

Chaque adversaire a le droit de se servir de ses armes étant donné qu'elles sont rayées et du même calibre. Calibre courant 44.

Les armes des deux adversaires seront essayées sur le terrain par les quatre témoins, avant la rencontre, pour se rendre compte de leur bon fonctionnement et précision.

Chargement. — Les cartouches seront extraites d'une boîte neuve ouverte sur le terrain, calibre modèle 44. — Charge pour tirer à vingt-cinq mètres.

Balle ronde, poids 7 grammes 13.

Charge, poudre sans fumée de 2 décigrammes 5 (poudre T. bis). Cette cartouche se trouve couramment chez les armuriers.

Si les premières balles sont échangées sans résultat, le Directeur du Combat recharge les armes en présence des témoins.

« Quatre » est le minimum de balles échangées sans résultat.

Ce minimum peut être augmenté si la rencontre ne se continue pas à l'épée, sabre ou baïonnette.

La distance maxima est de vingt-cinq mètres, minimum de vingt mètres.

Les places sont tirées au sort.

Tenue des combattants. — Les adversaires sont en tenue de ville, pas de paletot, les poches vides, la tête couverte ou non. (Bandage déclaré avant la rencontre.)

Terrain. — Le terrain doit être choisi avec le plus grand soin en plein air, sans qu'aucun point ne puisse guider le tir des adversaires.

Le terrain est mesuré au décamètre.

Le pistolet armé est remis au combattant par l'un de ses témoins.

Le combattant prend immédiatement et sans relever l'arme la position suivante :

Il est placé dans la position verticale, les pieds écartés au plus de o m. 70 l'un de l'autre; tient le bras allongé le long du corps, le canon dirigé vers le sol, la crosse du pistolet touchant la cuisse dans la garde basse et cette position prise, reste dans l'immobilité.

Exception est faite à cette règle dans le cas où l'un des deux adversaires, par suite d'une infirmité, ne pourrait prendre la position ci-dessus indiquée.

En aucun cas, les combattants ne peuvent prendre une position qui les porte au-delà de la ligne qui leur a été fixée et déterminant la distance spécifiée au procès-verbal.

Sous aucun prétexte, les armes ne peuvent être désarmées ni réarmées par les combattants, ni mises en joue dans quelque direction que ce soit avant le commandement de feu.

Nombre de balles échangées. — Le nombre de balles échangées sans résultat ne peut être inférieur à quatre.

Si l'un des combattants fait partir le coup avant le commandement par inadvertance, l'arme est rechargée.

Le fait ne doit plus se reproduire au cours de la rencontre.

Si au premier feu, l'un des adversaires est blessé, il est en droit de demander un quart d'heure d'observation pour savoir s'il peut continuer la rencontre.

Il a toute liberté de tirer du bras qui lui convient.

Le cas peut se produire ou par suite du mauvais fonctionnement de l'arme, ou de défectuosité de la cartouche, causes absolument indépendantes de la volonté des combattants, le coup ne part pas.

Dans ce cas, le combattant victime de cet accident et qui a supporté le feu de son adversaire, sans pouvoir y répondre, doit s'il n'est pas blessé, ou si la blessure qu'il a reçu lui permet de le faire, recommencer le combat.

Son adversaire restera debout immobile, effacé, le pistolet relevé.

Il est inadmissible qu'un duel puisse prendre fin, l'un des combattants ayant été mis dans l'impossibilité d'atteindre son adversaire.

Le commandement. — Le commandement est fait par le Directeur du Combat sous la forme suivante :

« Êtes-vous prêts ? »

Sur la réponse affirmative des combattants, il commandera à la vitesse convenue en se réglant sur son métronome :

« Feu ! — Un — deux — trois. »

Le temps compris entre la réponse des combattants et le commandement de « feu » est fixé par le Directeur du Combat.

En principe sur la question « êtes-vous prêts ? » faite par le Directeur du Combat, il est admis que le délai maximum avant le commandement de « feu », est de cinq battements du métronome fonctionnant à la cadence fixée par le procès-verbal.

Une répétition du commandement est faite aux adversaires avant qu'ils tirent.

La cadence du commandement est réglée au métronome à la vitesse de cent battements à la minute.

La vitesse minima est de soixante.

Au commandement de « feu », les combattants tirent entre « feu et trois ». Ils ne doivent, en aucun cas, bouger de place.

Les adversaires ne peuvent ni élever leur arme avant le commandement : « feu », ni tirer après trois ; en cas d'infraction à cette règle, ils sont disqualifiés.

Le Duel au Revolver est d'ordre normal, spécialement pour les Officiers.

L'entraînement à cette arme est courant dans les Sociétés de Tir civiles et militaires, et chaque année des Championnats sont disputés à cette arme.

Le Revolver a cet avantage de permettre l'échange de six balles sans rechargement.

Armes. — Le Revolver employé sur le terrain est le Revolver d'ordonnance français avec ses munitions. Chaque adversaire a le droit de se servir de son arme.

Terrain, Tenue des Combattants. — Mêmes règles que pour le Pistolet de Combat.

Chargement. — Le Revolver est remis chargé aux combattants. Les cartouches sont extraites d'une boîte neuve ouverte sur le terrain en présence des quatre témoins.

Commandement. — Une répétition du commandement est faite aux adversaires avant qu'ils tirent. Le temps maximum pour échanger les six balles est de quinze secondes.

Le temps minimum est de dix secondes, au métronome.

Le temps fixé écoulé, le Directeur de Combat commande : « Cessez le feu. »

PROCÈS-VERBAL DE :

Conciliation,
Rétractation.

PROCÈS-VERBAL DE RENCONTRE :

à l'Épée,
au Fleuret,
au Sabre,
à la Baïonnette,
au Pistolet,
au Revolver.

MODÈLE DE PROCÈS-VERBAL DE CONCILIATION

A la suite de ...., Monsieur A., se considérant comme offensé par Monsieur B., a constitué comme témoins Messieurs ....

De son côté, Monsieur B. s'est fait représenter par Messieurs ....

Les quatre témoins se sont réunis. Ils déclarent, à l'unanimité et sous leur responsabilité, que l'examen attentif des faits n'autorise pas un différend d'honneur entre MM. A. et B.

Ils considèrent, dans ces conditions, l'affaire comme définitivement close.

Fait en double à .... le ....

Pour Monsieur A. : Pour Monsieur B. :

(Signatures des Témoins)

MODÈLE DE PROCÈS-VERBAL DE RÉTRACTATION

« Tout homme à qui il est prouvé qu'en offensant son adversaire il « était dans son tort, s'est trompé, ou que sa bonne foi a été surprise, ne « doit avoir aucune hésitation à retirer sa provocation.

« Il s'honore en agissant ainsi.

« L'autorité des témoins, qui le représentent et apportent cette déclaration, ne laisse aucun doute sur la noblesse de son geste.

« Le procès-verbal de « rétractation », dans ces conditions, doit être « rédigé de façon, tout en rappelant les faits, à rendre hommage à la correc- « tion de celui qui reconnaît son erreur. »

MODÈLE DE PROCÈS-VERBAL D'AVANT-RENCONTRE

ÉPÉE

A la suite de .... survenu le ...., Monsieur A., se considérant comme offensé par Monsieur B., a chargé ses témoins Messieurs .... d'en demander réparation.

Monsieur B. de son côté, s'est fait représenter par Messieurs ....

Les quatre témoins se sont réunis. Après examen des faits, une rencontre a été jugée inévitable.

La qualité d'offensé a été reconnue à Monsieur ....

Les témoins de Monsieur .... réclament une rencontre à l'épée de combat aux conditions suivantes :

Armes. — Chacun ses armes réglementaires.

Gants. — A crispin dur jusqu'à trois centimètres du coude.

Maillot. — Adhérent à la peau.

Chaussures. — Au gré des combattants,
Reprises de deux minutes,
Repos de deux minutes.

Terrain. — Quinze mètres derrière chaque combattant. Le terrain gagné reste acquis.

Le corps à corps et le combat rapproché autorisés tant qu'ils conservent le caractère du combat.

Direction du Combat. — Confiée à Monsieur ....

Arrêt du Combat. — Le combat cessera sur la déclaration du blessé.

Fait en double à .... le ....

Pour Monsieur A. : Pour Monsieur B. :

(Signatures des Témoins).

La date et le lieu de la rencontre ne sont pas fixés au procès-verbal pour éviter toute indiscrétion.

Même procès-verbal d'avant-rencontre pour les Duels au Fleuret et au Sabre.

Pour le Sabre et la Baïonnette, le gant à crispin est supprimé.

MODÈLE DE PROCÈS-VERBAL D'AVANT-RENCONTRE

BAIONNETTE

Même rédaction préliminaire que pour l'Épée.

Armes. — Chacun ses armes réglementaires; même longueur; même poids.

Maillot. — Adhérent à la peau.

Chaussures. — Au gré des combattants.

Reprises — Deux minutes. — Repos de deux minutes.

Terrain. — Vingt mètres derrière chaque combattant. — Largeur du terrain, vingt mètres.

« Le terrain gagné reste acquis.

« *Direction du Combat.* — La direction du combat est confiée à Monsieur ....

« *Arrêt du Combat.* — Le combat cessera sur la déclaration du blessé.

« Le corps à corps et le combat rapproché sont autorisés tant qu'ils « conservent le caractère de « combat ».

« Il est interdit de lancer le fusil en abandonnant l'arme.

« Il est interdit d'essayer de renverser son adversaire par une bouscu- « lade ou tout autre moyen.

« Il est interdit de maintenir le pied sur l'arme adverse, dans le cas « où celle-ci se serait trouvée immédiatement en contact avec le sol.

« Il est interdit de porter un coup de crosse.

« Tout coup porté par l'un des adversaires, dans ces conditions, « amènerait sa disqualification. »

MODÈLE DE PROCÈS-VERBAL D'AVANT-RENCONTRE

PISTOLET

Même rédaction préliminaire que pour l'Épée.

L'arme choisie est le Pistolet de Combat.

« *Armes.* — Chacun ses armes se chargeant par la culasse; rayées « calibre 44.

« *Chargement.* — Les cartouches seront extraites sur le terrain d'une « boîte neuve. Modèle calibre 44. Charge pour tirer à vingt-cinq mètres. »

« Quatre balles seront échangées à vingt-cinq mètres. »

Commandement. — Le commandement sera donné au métronome à la cadence de cent à la minute.

Tenue des Combattants. — Tenue de Ville.

La Direction du combat est confiée à Monsieur . . . .

Fait en double à . . . . le . . . .

Pour Monsieur A. : Pour Monsieur B. :

(Signatures des Témoins).

MODÈLE DE PROCÈS-VERBAL D'AVANT-RENCONTRE

REVOLVER

Même rédaction préliminaire que pour l'Épée.

« L'arme choisie est le Revolver d'ordonnance. Chacun ses armes.

« *Chargement.* — Cartouches d'ordonnance.

« Six balles seront échangées à vingt-cinq mètres.

« *Commandement.* — Le commandement est donné au métronome. Le « temps pour échanger les six balles est de dix secondes. »

Monsieur . . . . dirigera le combat.

Fait en double à . . . . le . . . .

Pour Monsieur A. : Pour Monsieur B. :

(Signatures des Témoins).

MODÈLE DE PROCÈS-VERBAL D'APRÈS-RENCONTRE

ÉPÉE

Conformément au procès-verbal, en date du ...., la rencontre entre Messieurs A. et B. a eu lieu le ...., à ...., aux conditions indiquées.

(Énumérer le nombre des reprises ; si un fait s'est produit dans une reprise, désarmement, blessure ou autre incident, les spécifier au procès-verbal. Si le blessé, après un quart d'heure d'observation, décide qu'il reprend le combat, notification en est faite au procès-verbal).

A la .... reprise, Monsieur .... a été atteint d'une blessure qui, sur sa déclaration, le met dans l'impossibilité de continuer le combat.

Dans ces conditions, le duel a été arrêté.

Monsieur .... dirigeait la rencontre.

Fait en double à .... le ....

Pour Monsieur A. : Pour Monsieur B. :

(Signatures des Témoins).

Les docteurs .... assistaient les combattants, ils constatent que Monsieur .... a été atteint (spécification de la blessure).

(Signatures des Médecins).

Même procès-verbal pour le Fleuret, le Sabre et la Baïonnette.

MODÈLE DE PROCÈS-VERBAUX D'APRÈS-RENCONTRE

PISTOLET — REVOLVER

Conformément au procès-verbal du ....; la rencontre entre Messieurs A. et B. a eu lieu le .... à ....

Quatre balles ont été échangées (Indiquer s'il y a eu résultat ou non).

Monsieur X. dirigeait la rencontre.(1)

Fait en double le .... à ....

Pour Monsieur A. : Pour Monsieur B. :

(Signatures des Témoins).

Les Docteurs indiquent la blessure et sa nature.

(Signatures des Docteurs).

(1) Si la rencontre a été continuée à l'Épée, Fleuret, Sabre, Baïonnette, même rédaction que page 89.

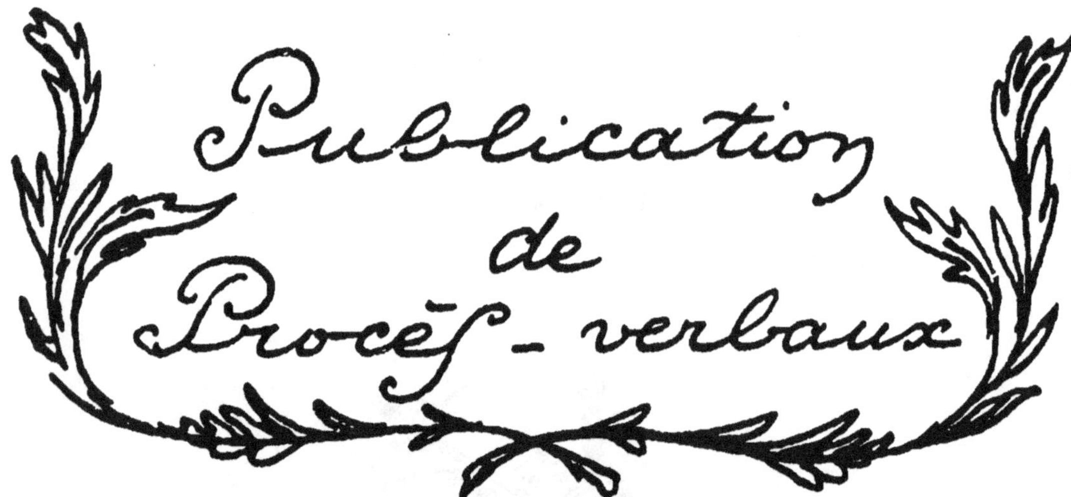

Si une offense a été publique, les procès-verbaux de rétractation ou de réparation peuvent être publiés ou non au choix de l'offensé.

Si l'offense est d'ordre privé, les témoins d'accord avec leurs clients peuvent prendre l'engagement de s'abstenir de toutes communications ou publications concernant l'affaire.

« On peut dire qu'à notre époque il est presque matériellement impossible de se battre à l'insu de la presse.

« Or, la non publication des procès-verbaux « laisse libre cours à l'information. »

« Cette dernière peut être inexacte et nécessiter des rectifications.

« C'est donc aux témoins d'apprécier l'opportunité de la publication des procès-verbaux ».

APRÈS la guerre; rendre au Duel sa gravité, c'est le sauvegarder dans le présent et dans l'avenir.

Georges BREITTMAYER.

Table des Matières

ACHEVÉ D'IMPRIMER
:: :: :: :: PAR :: :: :: ::
DEVAMBEZ, ÉDITEUR
:: :: :: PARIS :: :: ::
LE 1er MARS 1918

www.ingramcontent.com/pod-product-compliance
Lightning Source LLC
LaVergne TN
LVHW020348230826
846091LV00003B/1039
9782012865013